まちごとチャイナ

はじめての江蘇省

Jiangsu 001 Jiangsu

蘇州・揚州・鎮江・南京

Asia City Guide Production

【白地図】江蘇省と江南地方

CHINA
江蘇省

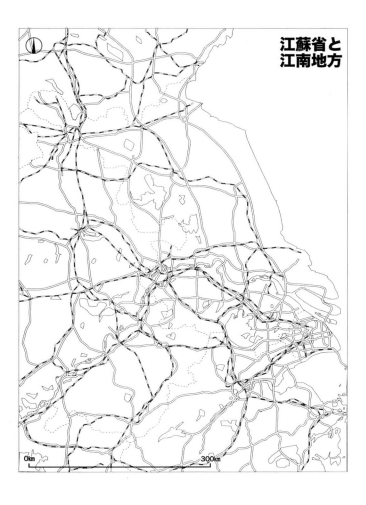

江蘇省と江南地方

Jiangsu

白地図

【白地図】蘇州旧城

CHINA
江蘇省

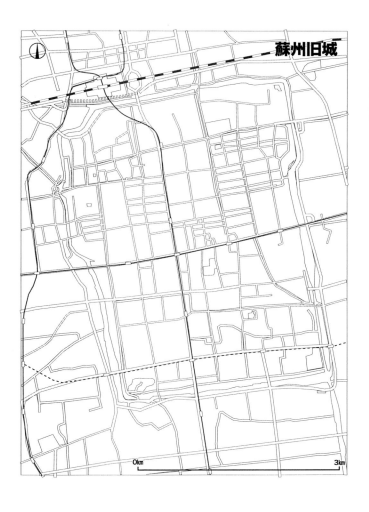

蘇州旧城 Jiangsu 白地図

【白地図】蘇州

CHINA
江蘇省

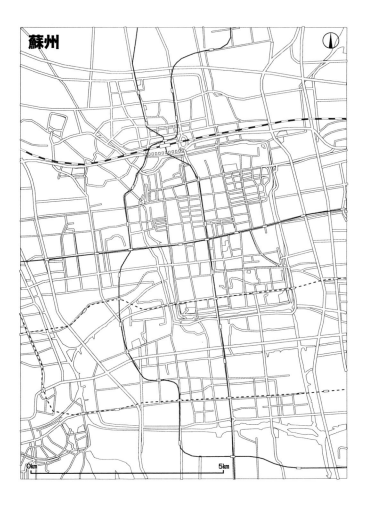

【白地図】揚州

CHINA
江蘇省

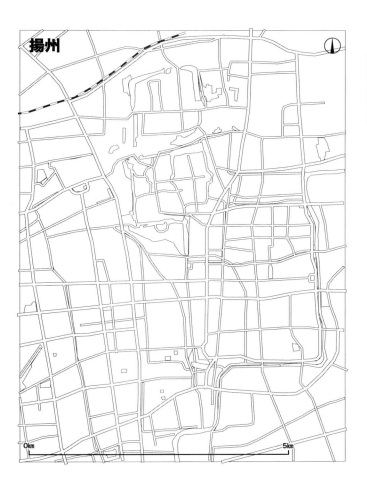

【白地図】揚州旧城

CHINA
江蘇省

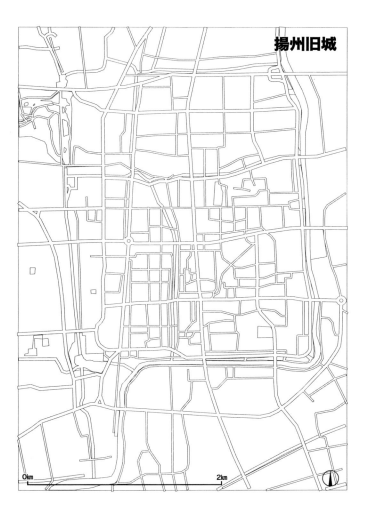

【白地図】鎮江

CHINA
江蘇省

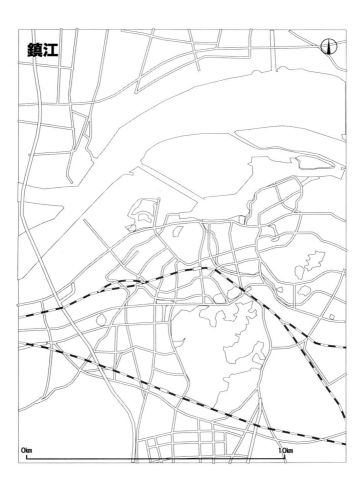

【白地図】鎮江市街

CHINA
江蘇省

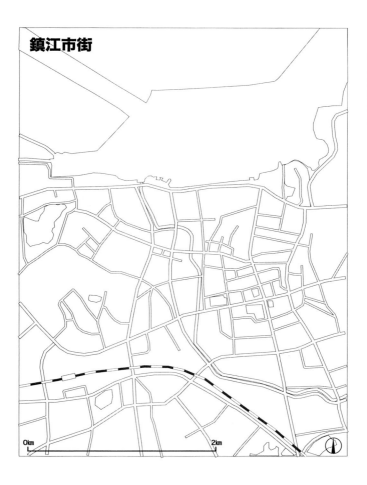

【白地図】南京市街

CHINA
江蘇省

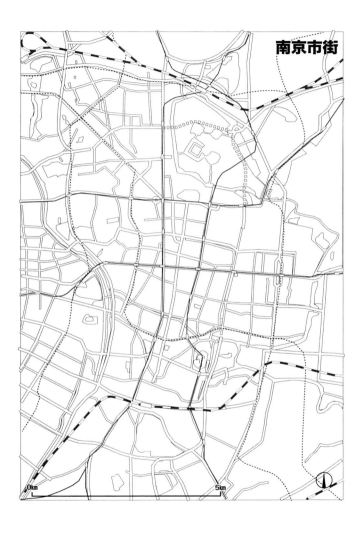

南京市街

Jiangsu | 白地図

【白地図】紫金山

CHINA
江蘇省

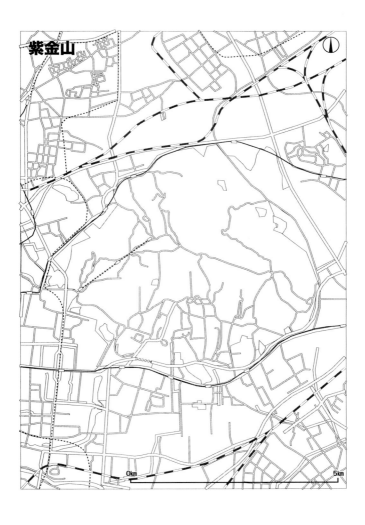

【まちごとチャイナ】

江蘇省 001 はじめての江蘇省

江蘇省 002 はじめての蘇州

江蘇省 003 蘇州旧城

江蘇省 004 蘇州郊外と開発区

江蘇省 005 無錫

江蘇省 006 揚州

江蘇省 007 鎮江

江蘇省 008 はじめての南京

江蘇省 009 南京旧城

江蘇省 010 南京紫金山と下関

江蘇省 011 雨花台と南京郊外・開発区

江蘇省 012 徐州

　大河長江や太湖の恵みを受けて、豊かな自然と文化を育んできた江蘇省。とくに長江下流域の江南と呼ばれる一帯は、世界有数の人口密集地帯で、蘇州、無錫、常州などの大都市が50 km程度の間隔で隣接している。

　中原にくらべて開発は遅れていたなか、漢族が南遷して南京で王朝（3〜6世紀の六朝）を築き、江南に強く憧れた煬帝（569〜618年）は中国南北を結ぶ運河を開削した。南宋（12世紀）以降、学問、芸術、経済の中心は江南へ遷ったと言われ、南京、蘇州は中国を代表する政治都市、経済都市へ発展をと

江苏省 jiāng sū shěng
ジィアンスウシェン

Jiangsu はじめての江蘇省

げた。

　アヘン戦争以後の 1842 年に南京条約が結ばれると、上海の開港が決まり、文化、食、労働人口などで蘇州や揚州のそれが受け継がれた。現在、江蘇省は上海の後背地を構成し、上海への有利な立地、豊富な労働力や購買力で強い存在感を示す省となっている。

【まちごとチャイナ】

江蘇省001 はじめての江蘇省

目次

はじめての江蘇省 ……………………………………………………xx

江南と躍進する三角地帯 …………………………………………xxvi

蘇州城市案内 ……………………………………………………xxxiii

長江と大運河の恵みで……………………………………………xlix

揚州城市案内 ………………………………………………………lv

鎮江城市案内………………………………………………………lxix

南京城市案内 ……………………………………………………lxxxi

江南の地で生まれたもの …………………………………………ci

【MEMO】

【地図】江蘇省と江南地方の [★★★]

- ☐ 蘇州 苏州 スウチョウ
- ☐ 揚州 扬州 ヤンチョウ
- ☐ 鎮江 镇江 チェンジィアン
- ☐ 南京 南京 ナンジン

江蘇省と江南地方

Jiangsu

はじめての江蘇省

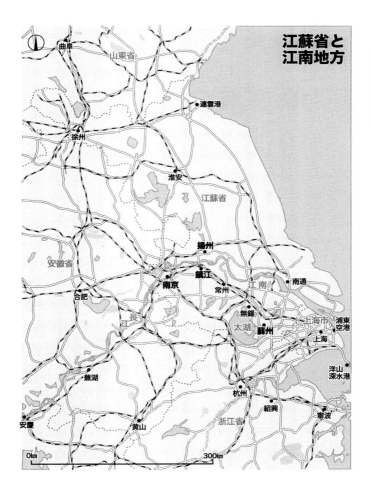

江南と躍進する三角地帯

CHINA
江蘇省

中国有数の豊かさを誇ってきた江蘇省
蘇州、揚州、鎮江、南京といった
魅力的な街が近い距離で隣接する

江蘇省の構成

江蘇省という省名は、南京の古名「江寧」と「蘇州」の頭文字をとって名づけられた。「南京」は三国呉、東晋以来、南朝（宋・斉・梁・陳）、南唐、明初期の都がおかれた政治都市の性格をもつ。一方で、2500年の伝統をもつ「蘇州」は、宋元明清時代を通じて中国でもっとも豊かな経済都市と知られてきた。また中国東西を結ぶ長江と南北を結ぶ大運河が交わる「黄金十字路」の北側に隋煬帝のあこがれた「揚州」、南側に『三国志』ゆかりの「鎮江」が位置する。江蘇省中央を横断する淮河は、米作地帯と麦作地帯をわける軸線となっ

Jiangsu 江南と躍進する三角地帯

ていて、その北側には南北を結ぶ要衝の「徐州」、20世紀以来、急速な発展を見せる「連雲港」が位置する。そのほか、上海大都市圏北の「南通」は、長江を縦断する交通網が整備されたこともあって急成長を見せている。

長江デルタの実働部

豊かな土地をもつ長江デルタ（長江河口の三角州）は、世界でもっとも人口稠密な地域で、大都市が密集して林立する。1978年の改革開放以後、1990年代の上海浦東開発を受けて、浦東を企業の玄関口にし、その後背地の江蘇省を実働地とす

CHINA
江蘇省

ることも多かった(企業は上海に本社を、江蘇省に工場をおいた)。世界中の企業が蘇州や無錫に進出するなか、蘇州や無錫では都市の郊外化や農村自体が都市化するという現象も見られ、農民工と呼ばれる出稼ぎ労働者が流入した。現在、機械や自動車、ハイテク、化学繊維などの産業集積が進み、上海に隣接する蘇州から南京、また江蘇省に隣接する浙江省や安徽省と一体となった長江デルタ経済圏をつくっている。

▲左　上海市、江蘇省、浙江省、一体化が進む長江デルタ。　▲右　運河が縦横に走る「水の都」蘇州

水辺に隣接した世界

中国最大の大河長江が流れ、長江の運ぶ膨大な土砂で、江蘇省南部の平原は形成された。江蘇省では、河川と湖沼の占める面積が17％に達し、中国でもっとも水に親しみ深い土地となっている。都市と都市とのあいだを運河が走り、都市から水郷へ網の目のような水路が続くこの地で、人々は船を足代わりとしたことから、「南船北馬（南は船を、北は馬を移動手段とする）」の言葉も知られる。豊かな水を使った稲作、また淡水魚を食する習慣など、自然や風土をもとに江南の文化は形成された。

江蘇省

江浙実れば天下足る

「江浙実れば天下足る」という言葉は、豊かな江南地方で米が収穫されれば、その分だけで中国全土に糧米を行き渡らせることができるということわざ（江南とは長江の南を指し、江蘇省南部と浙江省北部、上海市あたりを指す。長江北の揚州もふくむことが多い）。唐代、税糧のほとんどが江南から出たとも、明代、蘇州一府だけで税糧の1割を担ったとも言われ、江南の物資は京杭大運河を使って華北へ運ばれた。中国有数の「米どころ」蘇州、「塩（淮南塩）の集散地」揚州、衣服の原料「木綿の産地」松江（現在の上海市）など、人間

▲左　南京の紀念館。　▲右　多彩な料理も江蘇省の魅力、写真は蘇州麺

Jiangsu　江南と躍進する三角地帯

にかかせない衣食の産地を抱えていたことから、中国全体の江南に対する経済依存度はきわめて高いものだった。

【MEMO】

CHINA
江蘇省

Guide, Su Zhou
蘇州
城市案内

世界遺産にも指定されている蘇州古典園林
嗜好をこらした住宅と
庭園の織りなす中国文雅の世界

蘇州 苏州 sū zhōu スウチョウ ［★★★］

蘇州は街中に運河がめぐらされた「水の都」で、紀元前514年につくられて以来、2500年前の構造を今に伝える。太湖や長江の恵みもあって、蘇州とその近郊は中国でもっとも豊かな土地と知られ、宋代より「天に天堂、地に蘇杭あり」と言われるようになった。明清時代、繁栄は頂点に達し、洗練された食や書画、工芸、建築が生み出された。またその過程で、有力者（蘇州に邸宅を構える地主階級の郷紳）たちが次々につくった園林は世界遺産にも指定され、現在、蘇州は「庭園の街」と知られている。太平天国の乱（1851～64年）以後、

【地図】チェンナイ

【地図】蘇州旧城の ［★★★］
- □ 蘇州 苏州スウチョウ
- □ 拙政園 ［世界遺産］拙政园チュオチェンユゥエン

【地図】蘇州旧城の ［★★☆］
- □ 山塘街 山塘街シャンタンジエ

【地図】蘇州旧城の ［★☆☆］
- □ 北塔報恩寺 北塔报恩寺ベイタアバオエンスー
- □ 獅子林 ［世界遺産］狮子林シイズゥリン
- □ 平江路 平江路ピンジャンルウ
- □ 観前街 观前街グァンチィエンジエ

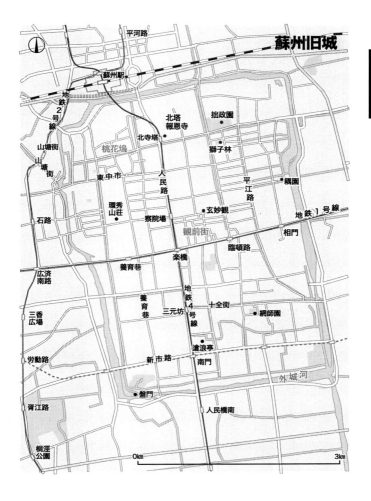

Jiangsu | 蘇州城市案内

江蘇省

蘇州に替わって江南では上海がめざましい発展をとげ、蘇州は歴史ある古都という性格を強めていた。一方で、20世紀末から、急拡大する上海に近い立地が注目され、蘇州旧市街をはさむように東部と西部に開発区がおかれている。

拙政園 [世界遺産] 拙政园
zhuō zhèng yuán チュオチェンユゥエン [★★★]

拙政園は蘇州を代表する庭園で、頤和園（北京）、避暑山荘（承徳）、留園（蘇州）とともに中国四大名園にあげられる。明代の 1509 年、官吏から退いて故郷の蘇州に戻った王献臣に

▲左　美しい蓮の花が咲く拙政園。　▲右　ひときわ高くそびえる高さ76mの北塔

よって造営され、晋の潘岳『閑居の賦』(「室を築きて樹を種え、逍遥して自得す。・・・此れ亦た拙き者の政を為すなり」)から庭園名は名づけられた。明代最高の文人、文徴明が造園に関わったとも言われ、蓮の池、太湖石、楼閣や堂が配された回遊式庭園となっている。太平天国（1851〜64年）後期、洪秀全につぐ指導者だった李秀成の邸宅跡の忠王府、蘇州ゆかりの文人の書画などを展示する蘇州博物館が隣接する。

江蘇省

北塔報恩寺 北塔报恩寺
běi tǎ bào ēn sì ベイタアバオエンスー [★☆☆]

高さ76m、八角九層の塔が立つ北塔報恩寺。3世紀の三国時代に創建された古刹で、北塔は12世紀に建てられたもの。標高差のほとんどない平野が続くなか、北塔のそびえる様子は蘇州のシンボルでもあった。蘇州旧城の北側に立つ北塔に対して、旧城南西の盤門近くには瑞光塔が立つ。

獅子林 [世界遺産] 獅子林 **shī zǐ lín シイズゥリン** [★☆☆]

元代の1342年、天如禅師によって創建された獅子林。園内

には、大獅子、小獅子、雄獅子、雌獅子といった獅子のかたちをした石組み(築山や奇石)が見られ、獅子林という名前もここに由来する。拙政園、留園、滄浪亭とならんで蘇州四大名園のひとつにあげられる。

平江路 平江路 píng jiāng lù ピンジャンルウ ［★☆☆］

蘇州旧城を縦横に流れる水路のなかで、第4縦運河のほとりを走る平江路。水辺の江南白壁住宅、運河へ続く階段、運河に架かる橋など、「水の都」と言われた伝統的な蘇州の街並みを今に伝える。

江蘇省

観前街 观前街 guān qián jiē グァンチィエンジエ ［★☆☆］
蘇州旧城のちょうど中心にあたる観前街。晋代の276年に創建された玄妙観（道教寺院）の門前街として発展し、現在は蘇州随一の繁華街となっている。明清時代から続く松鶴楼、得月楼といった蘇州料理の老舗、大型商店や茶館などがずらりとならぶ。

▲左　玄妙観は蘇州のちょうど中心に立つ。　▲右　昔ながらの街並みが残る山塘街

山塘街 山塘街 shān táng jiē シャンタンジエ ［★★☆］

蘇州北西城外の運河沿いに続く山塘街。ここは明代、京杭大運河や周囲の水路を通じて運ばれてきた米や物資が集まったところ（旧城に入るには、小船に乗り換える必要があったことから、城外の山塘街が発展した）。白壁、黒の屋根瓦をもつ江南住宅、水路を行き交う船といった蘇州古来の情緒ある風景が残っている。

【地図】蘇州

【地図】蘇州の [★★★]
- ☐ 蘇州 苏州スウチョウ
- ☐ 拙政園 [世界遺産] 拙政园チュオチェンユゥエン

【地図】蘇州の [★★☆]
- ☐ 虎丘 虎丘フウチィウ
- ☐ 寒山寺 寒山寺ハンシャァンスー
- ☐ 山塘街 山塘街シャンタンジエ

【地図】蘇州の [★☆☆]
- ☐ 北塔報恩寺 北塔报恩寺ベイタアバオエンスー
- ☐ 観前街 观前街グァンチィエンジエ
- ☐ 留園 [世界遺産] 留园リィウユゥエン

CHINA
江蘇省

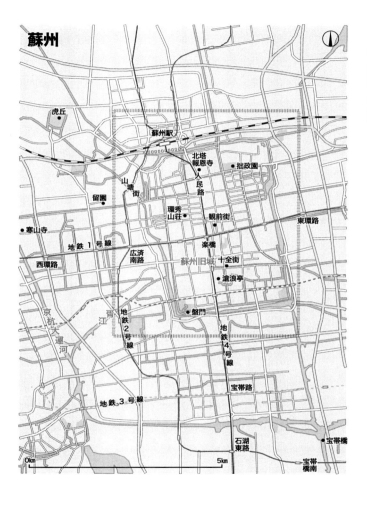

江蘇省

留園 [世界遺産] 留园 liú yuán リィウユゥエン [★☆☆]
蘇州を代表する名園の留園。頤和園(北京)、避暑山荘(承徳)、拙政園(蘇州)とならぶ中国四大名園にもあげられる。「風流天子」と知られた北宋の徽宗(1082～1135年)は、蘇州の珍木奇石を集めさせ、留園にはそのときの太湖石「冠雲峰」が残っている。明代に造営されたのち、清代に再建され、樹木の配置や住宅建築、窓枠など蘇州庭園のあらゆる技術が使われているという。

【MEMO】

江蘇省

虎丘 虎丘 hǔ qiū フウチィウ ［★★☆］

虎丘は、高さ47.5mの八角七層の雲岩寺塔を中心に、剣池、観音泉、楼閣などが点在する「呉中第一の勝景」。紀元前514年（春秋時代）、蘇州の都を築いた呉王闔閭が眠る場所で、王の死にあたって10万人を動員して水銀で池を、金銀玉で水鳥をつくったという。また雲岩寺塔は15度傾いているものの、呉王闔閭が守っているから決して倒れないと信じられている。蘇州の人々が運河を伝わってこの地に訪れたほか、南巡した康熙帝や乾隆帝も必ず足を運ぶ景勝地だった。

▲左 15度傾いた斜塔の雲岩寺塔。　▲右 『楓橋夜泊』で詠われた寒山寺

寒山寺 寒山寺 hán shān sì ハンシャァンスー［★★☆］

蘇州西郊外、京杭大運河に面して立つ寒山寺。「姑蘇城外寒山寺（姑蘇城外の寒山寺）／夜半鐘聲到客船（夜半の鐘声 客船に到る）」と鐘の鳴る寒山寺を詠った漢詩『楓橋夜泊』、またこの寺の住持をつとめたという寒山拾得の故事で名高い（寒山寺という名前は、この高僧寒山に由来する）。この仏教寺院は、梁の天監年間（502～519年）に創建され、破壊と再建を繰り返して現在にいたる。高さ42.2mの五重の普明宝塔など再建され、大晦日、除夜の鐘を聴く人々が寒山寺に集まる。

長江と
大運河の
恵みで

長江、そして大運河
中国を代表するふたつの巨大水路は
江蘇省の象徴と言える

「悠久の大河」長江

チベット高原から重慶、三峡をへて湖北平野にいたり、武漢、南京、鎮江をへて上海近くで海に出る全長6300kmの長江。北の黄河とならび称される中国最大の河川で、江蘇省はちょうどその河口部にあたる。流域に膨大な恵み、またときに洪水の被害をもたらし、江蘇省南部では水の確保よりも排水に力点がおかれてきたという（黄河の10倍以上という水量で、長江の水を北に送る南水北調が考えられている）。古くから長江は水運に利用され、流域は世界有数の人口密度をもつことから、その市場を目当てとしてイギリスは上海の開港をせ

まった。長江の別名である揚子江の名前は、揚州近くで限定的だった地名が1本の河川名となったもの。

「中国経済の大動脈」大運河

長江や黄河といった中国の河川は、西から東に流れるため、東西の物資運搬や人の往来はたやすいが、南北の移動は難しかった。くわえて緯度の違う南北では、とれる作物や資源が異なり、両者の交流はかかせないものだった。そのため、春秋戦国時代より運河が開削され、紀元前486年、呉王夫差は都蘇州から中原に進出するために、長江と淮河を結ぶ邗溝を

▲左　江南の書画、工芸をおさめる蘇州博物館。　▲右　上海、南京、武漢、重慶を結ぶ大河長江

開き、その西の蜀岡に邗城を築いた(これが現在の揚州のはじまり)。隋の煬帝はこうした各地の運河をつなぎあわせ、610年、杭州から北京にいたる1800kmの大運河を完成させた。京杭大運河は万里の長城とならぶ中国の二大土木事業とされ、運河を通じて江南の豊かな物資が華北に運ばれた。大運河は中国経済の生命線となり、蘇州、無錫、常州、鎮江、揚州、淮安といった江蘇省の主要な街は、いずれも運河沿いに位置している(隋唐代、大運河のルートからはずれたため、南京は一時、衰退した)。

江蘇省

南京から揚州、蘇州、杭州へ

古く江南地方は中原から見ると未開の地だったものの、三国呉の孫権の都が南京におかれ、六朝(3～6世紀の呉・東晋・宋・斉・梁・陳)の都はいずれも南京にあった。続く隋の煬帝によって運河が開削されると、その途上にあった揚州が繁栄するようになった。隋唐代の揚州は長江や海にも近く港機能をもっていたが、長江の堆積が進み、かつて海の底だった長江下流域の平野化も進んだ。こうして宋代以降、海により近い蘇州や杭州、また福州、泉州といった街が台頭した。京杭大運河が蘇州から直接南下して杭州へ続いていたのに対し、近

Jiangsu　長江と大運河の恵みで

代、上海の発展によって鉄道網は一旦、上海を経由する扇型となった。

Guide, Yang Zhou
揚州城市案内

阿倍仲麻呂や鑑真
揚州は遣唐使ゆかりの地
静かな古都のたたずまいを残す

揚州 扬州 yáng zhōu ヤンチョウ ［★★★］

揚州は610年に開削された大運河の恵みで発展した街。隋の煬帝（569〜618年）が揚州の食や女性、文化を愛して晩年を過ごしたことで知られる。唐代（618〜907年）、運河が機能しはじめると、江南の物産はこの地に集まり、揚州は長安、洛陽につぐ唐第3の都となっていた。長江を通じて海へ続く港（対外窓口）がおかれ、揚州を訪れた遣唐使は大明寺の住職だった鑑真を日本へ招聘している。また明清時代、淮南塩産地近くの揚州に塩商が集まったことで、贅の限りをつくした邸宅がならび、学者や文人の保護された江南文化の中

【地図】揚州

【地図】揚州の [★★★]
- [ ] 揚州 扬州 ヤンチョウ

【地図】揚州の [★★☆]
- [ ] 大明寺 大明寺 ダアミンスー
- [ ] 痩西湖 痩西湖 ショウシイフウ

【地図】揚州の [★☆☆]
- [ ] 文昌閣 文昌阁 ウェンチャンガア
- [ ] 文峰塔 文峰塔 ウエンフェンタア
- [ ] 个園（個園）个园 ガアユュエン
- [ ] 古運河 古运河 グウユンハア

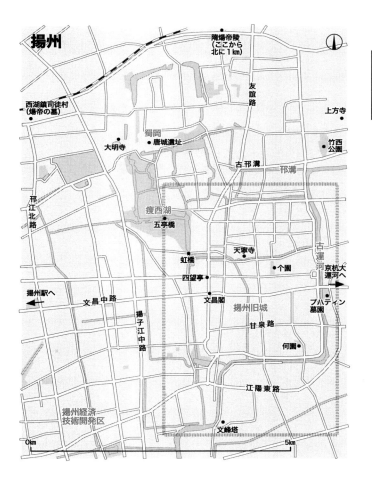

【地図】揚州旧城

【地図】揚州旧城の ［★★★］
- [ ] 揚州 扬州ヤンチョウ

【地図】揚州旧城の ［★★☆］
- [ ] 瘦西湖 瘦西湖ショウシイフウ

【地図】揚州旧城の ［★☆☆］
- [ ] 文昌閣 文昌阁ウェンチャンガア
- [ ] 文峰塔 文峰塔ウエンフェンタア
- [ ] 東関街 东关街ドォングァンジエ
- [ ] 个園（個園）个园ガアユュエン
- [ ] 古運河 古运河グウユンハア

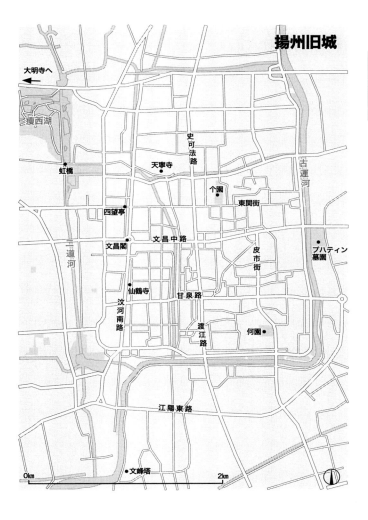

江蘇省

心地になった。江南を代表する風雅の都と知られた揚州もやがて太平天国の乱（1851〜64年）で荒廃し、その繁栄は上海へ遷った。満漢全席にもとり入れられた淮揚料理、剪紙や木版印刷などの伝統工芸を今に伝える古都となっている。

大明寺 大明寺 dà míng sì ダアミンスー ［★★☆］

奈良時代の日本に渡来した仏教僧、鑑真（688〜763年）が住持をつとめていた古刹の大明寺。南朝宋の大明年間（457〜464年）に創建され、長いあいだ鑑真ゆかりの仏教寺院であることは忘れられていたが、20世紀になって「再発見」

【MEMO】

CHINA
江蘇省

された。鑑真和上の死後1200年にあたる1963年に奈良唐招提寺金堂を模して設計された鑑真記念堂、隋代の601年創建の九層の仏塔をもとに20世紀末、再建された棲霊塔、北宋の官吏欧陽脩（1007〜72年）の別邸だった平山堂などが位置する。

▲左　五度の失敗のあと、奈良時代の日本に渡来した鑑真。　▲右　痩西湖に架かる五亭橋

痩西湖 痩西湖 shòu xī hú ショウシイフウ［★★☆］

なだらかな丘陵地の蜀岡から、揚州市街へ続く景勝地の痩西湖。煬帝（569〜618年）が船を浮かべて江南の自然を愛でたと伝えられ、現在の庭園は清代、莫大な富を得た塩商の程氏が楼閣や亭を築いたもの（杭州西湖より痩せていることから名づけられた）。南巡した乾隆帝（1711〜1799年）が釣りを愉しんだ釣魚台、黄色の屋根をもった5つの風亭の載る五亭橋（蓮の花にたとえられる）、皇帝の望みにあわせて「塩」を使って一晩で築きあげたという伝説も残る白塔などが見られる。

江蘇省

文昌閣 文昌阁 wén chāng gé ウェンチャンガア ［★☆☆］
揚州旧城の中心部に立つ八角三層の文昌閣。明代の1585年、揚州府学として建てられ、科挙の合格祈願、合格者名の掲示が行なわれていた。揚州が最高の繁栄を見せていた唐代の繁華街もこのあたりにあり、唐代の詩人張祜は「十里の長街市井連なり」と詠っている（長街は現在の汶河路にあたる）。近くには八角三層の楼閣、四望亭も残る。

文峰塔 文峰塔 wén fēng tǎ ウエンフェンタア ［★☆☆］
揚州旧城外の南部、古運河沿いにそびえる高さ40mの文峰

▲左　个園は揚州庭園の代表格。　▲右　古い揚州の街並みが続く東関街

塔。運河を往来する船に、街の場所を示す灯台の役割を果たしていた。五度の失敗のあと、753年に鑑真和上はこの地から日本へ旅立ったと伝えられ、現在の塔は1582年に建てられた。

東関街 东关街 dōng guān jiē ドォングァンジエ ［★☆☆］
東関街は揚州旧城の東側の古い街並みを残す一角で、双東歴史街区として整備されている。塩商馬氏による贅の限りをつくした邸宅「街南書屋（小玲瓏山館）」、古運河の渡し場「東関古渡」、揚州長官をつとめたマルコ・ポーロに関する「馬

江蘇省

可波羅紀念館」などが残る。

个園（個園）个园 gè yuán ガアユゥエン [★☆☆]
揚州を代表する庭園の个園（個園）。1818年、黄応泰が新たにつくり直した園林で、北側の庭園と南側の住宅部分からなる（黄応泰は淮南と淮北の塩の総監督で、清代、揚州塩商は国税の4分の1を納めたと言われる）。揚州庭園は、蘇州庭園をもとにしながら、北方の雄大さと南方の秀麗さをあわせもつという。

古運河 古运河 gǔ yùn hé グウユンハア ［★☆☆］
唐代、物資の運搬に使用されていた古運河。この水路を使って江南の物資が北方へ運ばれ、かつて長江はより揚州近くを流れていたことから、揚州は港機能をもっていた。港町揚州にはイスラム商人も多く訪れ、古運河ほとりにはイスラム教ムハンマドの第16代目の子孫プハティンの墓が残る。

Guide, Zhen Jiang
鎮江
城市案内

鎮江は長江と大運河が
交差する黄金の十字路
文学や歴史に彩られた街

鎮江 镇江 Zhèn Jiāng チェンジィアン ［★★★］

東西を流れる長江と、南北に流れる京杭大運河がちょうど交わる交差点にあたる鎮江。長江南岸に金山、北固山、焦山の鎮江（京口）三山がそびえ、美しい景観を見せている。古くから、鎮江は北方勢力が南方へのぞむ要衝だったところで、610年、隋の煬帝によって大運河が開削されて以後、時代を追うごとにその重要性を増していった。劉備玄徳が結婚式をあげた甘露寺はじめ、三国志ゆかりの地も多い。

【地図】鎮江

【地図】鎮江の [★★★]
- [ ] 鎮江 镇江チェンジィアン

【地図】鎮江の [★★☆]
- [ ] 金山寺 金山寺ジンシャンスー
- [ ] 西津古渡 西津古渡シイジングウドウ

【地図】鎮江の [★☆☆]
- [ ] 焦山 焦山ジャオシャン
- [ ] 北固山 北固山ベイグウシャン
- [ ] 大市口広場 大市口广场ダイシイコウグァンチャン

CHINA
江蘇省

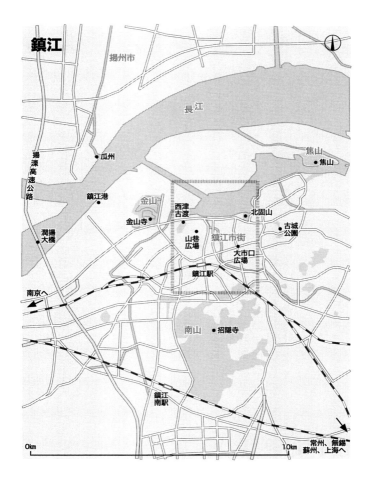

【地図】鎮江市街

【地図】鎮江市街の [★★★]
- [ ] 鎮江 鎮江チェンジィアン

【地図】鎮江市街の [★★☆]
- [ ] 西津古渡 西津古渡シイジングウドゥ

【地図】鎮江市街の [★☆☆]
- [ ] 北固山 北固山ベイグウシャン
- [ ] 大市口広場 大市口广场ダイシイコウグァンチャン
- [ ] 夢渓園 梦溪园マンシイユゥエン

CHINA
江蘇省

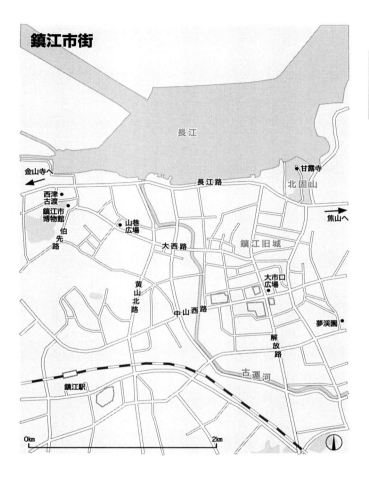

江蘇省

金山寺 金山寺 jīn shān sì ジンシャンスー ［★★☆］

東晋時代（4世紀）に創建された古刹の金山寺。505年、南朝梁の武帝がこの寺で水陸会（中国仏教の法会）を行なうなど、江南における一大仏教拠点となってきた。高さ60mの金山を埋め尽くすように芙蓉楼、大雄宝殿、妙高台、観音閣といった伽藍が展開し、日本にも伝わる民間伝承『白蛇伝』、『金山寺味噌』の発祥地という一面ももつ。また1467～69年、遣明使に随行した雪舟が金山寺の記録を残していることでも知られる。

▲左 『白蛇伝』の舞台となった金山寺。　▲右　石畳みの西津古渡

西津古渡 西津古渡 xī jīn gǔ dù シイジングウドウ ［★★☆］

長江の渡河地点だったところで、石畳の街並みを残す西津古渡。西津古渡の歴史は唐代以前にさかのぼると言われ、現在の街並みは清代のものとなっている。長江を渡るのを待つ「待渡亭」、チベット仏教の石塔で、高さ 4.5m になる「昭関石塔」、イギリス租界時代の領事館を前身とする「鎮江市博物館」が残る（イギリスは鎮江の地の利に目をつけ、この地に租界をおいた）。

江蘇省

焦山 焦山 jiāo shān ジャオシャン ［★☆☆］

鎮江市街の北東、長江に浮かぶ周囲2kmほどからなる島の焦山。標高150mの焦山に展開する「定慧寺」、その数と質で江南随一にあげられる「焦山碑刻」、アヘン戦争時、イギリス軍に向かって抵抗した「砲台遺跡」、南巡した皇帝による「乾隆行宮」などが位置する。焦山という名前は、後漢（25〜220年）末期、官吏焦光が北方の戦乱を逃れてここに居を構えたことにちなむ。

▲左 『三国志』ゆかりの甘露寺。 ▲右 長江に浮かぶ焦山へは船で渡る

北固山 北固山 běi gù shān ベイグウシャン ［★☆☆］

南朝梁の武帝（在位502～549年）がこの山のうえから長江を眺め、その美しさを「天下第一江山」とたたえた北固山。『三国志演義』のなかで劉備と孫権の妹が結婚式をあげた「甘露寺」、劉備と孫権が剣を振ったという「試剣石」、9世紀、李徳裕によって建立された「甘露寺鉄塔」（当初は石塔）などが残る。唐代以前は長江に突き出す半島状の地形だったという。

江蘇省

大市口広場 大市口广场 dà shì kǒu guǎng chǎng ダイシイコウグァンチャン ［★☆☆］

鎮江でもっともにぎわう繁華街の大市口広場。明清時代の鎮江旧城の中心に位置し、あたりには大型店舗がならぶ。

夢渓園 梦溪园 mèng xī yuán マンシイユゥエン ［★☆☆］

鎮江旧城の一角に残る夢渓園。中国を代表する科学者の沈括（1031～1095年）が、晩年を過ごしたという邸宅が再現されている。沈括は夢渓園で「語りあう相手は筆と硯だけ（筆談）」だったことから名づけた『夢渓筆談』を執筆している。

【MEMO】

CHINA
江蘇省

Guide, Nan Jing
南京
城市案内

朱元璋が都をおいた明初の首都
第3代永楽帝が都を北京に遷したため
北京に対する「南京」と呼ばれるようになった

南京 南京 nán jīng ナンジン ［★★★］

南京は三国呉以来、六朝の都がおかれ、貴族文化が咲き誇った帝都。六朝以後、南唐、明、太平天国、中華民国がこの街を首都としたことから、「十朝の都」とたとえられる。とくに1368年、明を樹立して南京を都とした朱元璋は、南中国からはじめて中国全土を統一し、このときの全長33.7 kmの南京城壁は今も残る。明清時代、秦淮河ほとりに画舫を浮かべ、妓女たちが美しく着飾る様子は、文人たちの羨望の的となり、のちに谷崎潤一郎や芥川龍之介といった作家も訪れている。雅な貴族文化、文人文化が育まれてきた一方で、北

【地図】南京市街

【地図】南京市街の [★★★]
- [ ] 南京 南京ナンジン

【地図】南京市街の [★★☆]
- [ ] 中華門 中华门チョンファアメン
- [ ] 夫子廟 夫子庙フウツウミャオ
- [ ] 総統府 总统府ゾォントンフウ
- [ ] 南京大虐殺殉難同胞紀念館 侵华日军南京大屠杀遇难同胞纪念馆 チンフゥアリイジュンナンジンダアトゥシャアユウナントンバオジイニィエングゥアン

【地図】南京市街の [★☆☆]
- [ ] 瞻園（太平天国歴史博物館）瞻园チャァンユゥエン
- [ ] 新街口 新街口シンジエコウ
- [ ] 閲江楼 阅江楼ユエジィアンロウ
- [ ] 明故宮遺跡 明故宫遗址ミングウゴォンイイチイ

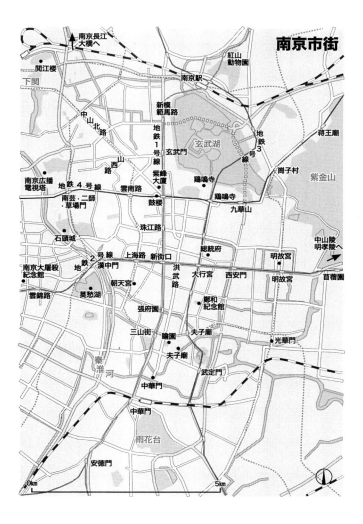

CHINA
江蘇省

京に対する南中国の政治都市という性格ももち、1912年の孫文の中華民国、蒋介石の国民政府は南京を首都とした。また日中戦争のおり、この中華民国の首都を占領した日本軍によって1937年、南京事件（南京大虐殺）が起こったという不幸な歴史もあわせもつ。現在、江蘇省の省都となっていて、大きく街をとり囲むように流れる長江、玄武湖、紫金山などの自然が市街に隣接する。

▲左　中華門は明初の首都だった南京の正門。　▲右　太平天国歴史博物館として開館する瞻園

中華門 中华门 zhōng huá mén チョンファアメン [★★☆]

中華門は南京旧城の正門にあたり、南北128m、東西118.45 m、高さ21.45mの巨大な規模をもつ。洪武年間（1368〜98年）、明朱元璋の命でつくられ、ここから南京の地形にあわせて全長33.7 kmの城壁が走る。また中華門の外側には、南京を育んだ母なる川の秦淮河が流れる。

瞻園（太平天国歴史博物館） 瞻园
zhān yuán チャァンユゥエン [★☆☆]

瞻園は「金陵第一園（南京一の庭園）」にあげられる南京の

江蘇省

名園。明を樹立した朱元璋や徐達などの邸宅がおかれ、太平天国時代（1853〜64年）に洪秀全につぐ力を誇った東王楊秀清の王府があったことから、現在は太平天国歴史博物館として開館している。瞻園という名前は、この地に南巡した乾隆帝（1711〜99年）の命名による。

夫子廟 夫子庙 fū zǐ miào フウツウミャオ ［★★☆］

「学問の神様」孔子をまつった夫子廟。東晋の337年に開かれた国立大学を前身とし、夫子廟は宋代の1034年に建てられた。この夫子廟の門前町に料理店、酒楼、劇場などが軒を

▲左　赤提灯の灯った秦淮、現在は夫子廟歩行街となっている。　▲右　学問の神様孔子をまつった夫子廟

連ね、あたりは中国を代表する花柳街だった。現在、夫子廟歩行街として整備され、六朝貴族が邸宅を構えたという烏衣巷、秦淮随一と言われた妓女李香君の故居も残る。

江南貢院 江南贡院 jiāng nán gòng yuàn
ジィアンナンゴォンユゥエン [★☆☆]

皇帝に仕える官吏を選抜するための試験の科挙。郷試・会試・殿試の三段階の試験があり、江南貢院では最初の郷試が行なわれていた。3年に一度の郷試にあたって、2万人もの受験生が集まったと言われ、合格すると富と権力を得られたこと

江蘇省

から、試験は熾烈をきわめた。試験官監視のもと、受験生は寝食をしながら試験に向かい、あたえられた試験の解答を1週間かけてつくった。幅1mほどの開放型個室号房が見られる。

新街口 新街口 xīn jiē kǒu シンジエコウ ［★☆☆］
新街口は夜遅くまでにぎわう、南京最大の繁華街。「国父」孫文像の立つ円形ロータリーを中心に高層ビルが立ちならび、62階建ての徳基広場2期、金鷹国際購物中心といった大型店舗も見られる。

▲左　孫文の執務室があった総統府。　▲右　南京大虐殺殉難同胞紀念館

総統府 总统府 zǒng tǒng fǔ ゾォントンフウ ［★★☆］

辛亥革命を受けて1912年に樹立された中華民国の行政府だった総統府（総統とは、中華民国の最高官職）。孫文は臨時大総統に就任し、1927年以後、孫文の意思をついだ蒋介石の南京国民政府があった。また古くは清朝の両江総督の治所がおかれ、1853〜64年に南京を占領した太平天国の天王府となった経緯ももつ（洪秀全を天王とする農民反乱で、一時は南中国全域を支配した）。この総統府界隈の長江路には20世紀初頭の官公庁跡、また公共施設が立ちならんでいる。

江蘇省

南京大虐殺殉難同胞紀念館 侵华日军南京大屠杀遇难同胞纪念馆
qīn huá rì jūn nán jīng dà tú shā yù nàn tóng bāo jì niàn guǎn
チンフゥアリイジュンナンジンダアトゥウシャアユウナン
トンバオジイニィエングゥアン ［★★☆］

日中戦争のさなかの 1937 年に起こった南京事件（南京大虐殺）。南京大虐殺殉難同胞紀念館には、このときの暴行、殺害、略奪などにまつわる展示が見られる。なお、その犠牲数に関して日中間で意見がわかれ、1 〜 2 万人、4 万人説、20 万人以上説、30 万人説がある（この紀念館には中国側の主張する 30 万人という文字が刻まれている）。

閲江楼 阅江楼 yuè jiāng lóu ユエジィアンロウ ［★☆☆］

岳陽楼（湖南省岳陽）、黄鶴楼（湖北省武漢）、滕王閣（江西省南昌）とともに江南四大名楼にあげられる閲江楼。堂々とした高さ52m、7層の楼閣は、14世紀に朱元璋によって構想され、21世紀に入って建てられた。近くの儀鳳門外は南京港（下関）にあたり、アヘン戦争以後の1842年、南京条約が結ばれ、ここから近代化がはじまった。

江蘇省

南京長江大橋 南京长江大桥 nán jīng cháng jiāng dà qiáo
ナンジンチャンジィアンダアチィアオ ［★☆☆］

古くから自然の障壁となってきた、長江に架かる長さ6772mの南京長江大橋。1968年、毛沢東の「独立自主、自力更生」の指導のもと、交代で24時間稼働した労働者の手で完成した。上海と北京を往来する鉄道も直通するようになった。

【MEMO】

【地図】紫金山

【地図】紫金山の [★★★]
- [ ] 中山陵 中山陵チョンシャンリン

【地図】紫金山の [★★☆]
- [ ] 明孝陵 [世界遺産] 明孝陵ミンシャオリン

【地図】紫金山の [★☆☆]
- [ ] 明故宮遺跡 明故宮遺址ミングウゴォンイイチイ

CHINA
江蘇省

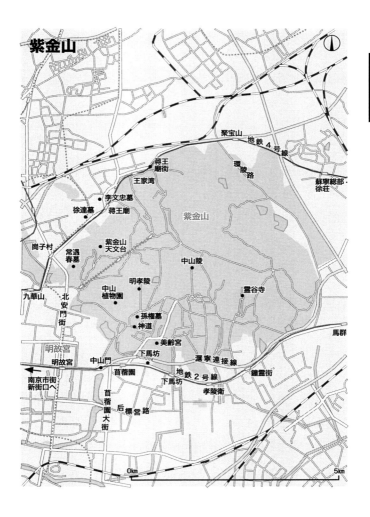

江蘇省

明故宮遺跡 明故宮遗址
míng gù gōng yí zhǐ ミングウゴォンイイチイ [★☆☆]

1366年に建設がはじまり、南京紫禁城がおかれていた明故宮遺跡。元に替わる明（1368～1644年）を樹立した朱元璋の宮殿はここにあり、官吏たちと謁見する前朝三大殿、皇后や妃が暮らした後宮からなる構成をもっていた（北京の紫禁城へ受け継がれた）。太平天国（1851～64年）の乱で消失し、現在は丸い礎石、石獅子が残る公園として整備されている。

▲左　中山陵、392段の階段は当時の中国人口3億9200万人を示す。　▲右　世界遺産にも指定されている孝陵

中山陵 中山陵 zhōng shān líng チョンシャンリン [★★★]

紫金山の南斜面に造営された中国の「国父」孫文（1866〜1925年）の陵墓中山陵。孫文は広州、香港、日本、アメリカを転々としながら、清朝を覆す革命活動を続け、1911年の辛亥革命を受けて、1912年、中華民国臨時大総統に就任した。「死んだらここに葬られたい」という孫文の遺言を受けて、下関からこの中山陵へ孫文の遺体を運ぶために中山通りが整備され、1929年、中山陵で国葬が催された。高低差73m、奥行き700mの規模をもち、牌坊にあたる博愛坊、続いて陵門、碑亭、392段の大階段（神道）から頂上の祭堂（儀

江蘇省

式や祭祀を行なう寝殿)、遺体のおさめられた墓室へと続く。各建物は青の屋根瓦がふかれ、祭堂には「民族」「民権」「民生」という孫文の三民主義が刻まれている。なお、この山は紫色の頁岩層が太陽の光を受けて、金色に光って見えることから紫金山と呼ばれ、南京のシンボルとなっている。

明孝陵[世界遺産] 明孝陵 míng xiào líng ミンシャオリン[★★☆]
明の初代皇帝朱元璋（1328〜1398年）とその皇后馬氏の眠る明孝陵。南京を首都において中国を統一した朱元璋は、紫金山独龍阜の地を愛し、30年の月日をかけて陵墓が造営され、朱元璋死後の1413年に完成した。石人と石獣の守る神道から、位牌をおく陵恩殿、「宝頂」と呼ばれる円形墓にいたる様式は、のちの明清皇帝陵墓の先がけとなった（黄色の屋根瓦は皇帝を意味する）。孝陵は北京の明十三陵などとともに世界遺産に指定されているほか、近くには孫権墓も位置する。

江南の地で生まれたもの

中国を代表する
食文化や庭園、伝統工芸
さまざまな魅力をもつ江蘇省

魚と米と江蘇料理

気候が温暖で、雨量も豊富、豊かな物産に恵まれた江蘇省。南部の江南は「魚米の里」にたとえられ、稲作文化や魚を食べる習慣で日本と共通する（江蘇省の中央を淮河が流れ、その南は米と魚、北は麦と肉を食べる文化をもつ）。蘇州料理、揚州や鎮江の淮揚料理は、杭州料理とともに上海料理の源流となっていて、味や食感だけでなく、盛りつけなど見た目の美しさも重視する。こうした江蘇料理は、清代、北京の皇帝たちにも愛され、満漢全席は揚州商人が淮揚料理と満州料理をあわせて献上したのをはじまりとする。

江蘇省

江南で生まれた芸術

殷周以来、中国の中心は華北にあったが、度重なる北方異民族の侵入を受け、漢族は段階的に南下し、南京や蘇州も漢族化していった。南京に都をおいた六朝時代（3〜6世紀）、江南の美しい山水をテーマとした芸術が育まれ、南宋（12世紀）以降、中国文化の中心は江南へ遷ったと言われる。明清時代、流通経済の発達を受け、蘇州の繁栄は北京をしのぐほどになり、こうした富をもとに優れた建築、庭園、書画が生まれた（明清時代の蘇州郷紳、清代の揚州塩商はその財力を学問や文化にそそぎこんだ）。世界遺産にも指定されてい

▲左　揚州の四望亭、八角形のプランをもつ。　▲右　機関船が貨物船を引っ張る、運河にて

る蘇州古典園林は、それら複合的な要素が組みあわさった中国芸術の白眉にあげられる。

江南と日本とのつながり

呉服や呉竹、呉楽など、「呉」という蘇州を中心とする地域名が中国全体をさしたように、長江デルタ河口部と日本の関わりは深い。遣唐使は受け入れ窓口となっていた揚州や蘇州を目指し、そのなかで揚州の仏僧鑑真（688〜763年）を奈良の聖武天皇のもとへ招聘している（遣唐使は大運河を通って長安を目指した）。また阿倍仲麻呂の「天の原　ふりさけみ

CHINA
江蘇省

れば 春日なる 三笠の山に いでし月かも」という和歌は蘇州劉家港で詠んだものだという。近世、北京に準ずる明の都が南京にあったことから、南京豆や南京錠など、中国から渡来したものを「ナンキン」という言葉を冠して呼んだ。

Jiangsu

江南の地で生まれたもの

参考文献

『中国の歴史散歩 3』(山口修・鈴木啓造 / 山川出版社)

『蘇州・杭州物語』(村上哲見 / 集英社)

『蘇州』(伊原弘 / 講談社)

『中国遊里空間』(大木康 / 青土社)

『南京物語』(石川忠久 / 集英社)

『世界大百科事典』(平凡社)

[PDF] 蘇州地下鉄路線図 http://machigotopub.com/pdf/suzhoumetro.pdf

[PDF] 南京地下鉄路線図 http://machigotopub.com/pdf/nanjingmetro.pdf

まちごとパブリッシングの旅行ガイド

Machigoto INDIA , Machigoto ASIA , Machigoto CHINA

【北インド - まちごとインド】

001 はじめての北インド
002 はじめてのデリー
003 オールド・デリー
004 ニュー・デリー
005 南デリー
012 アーグラ
013 ファテープル・シークリー
014 バラナシ
015 サールナート
022 カージュラホ
032 アムリトサル

【西インド - まちごとインド】

001 はじめてのラジャスタン
002 ジャイプル
003 ジョードプル
004 ジャイサルメール
005 ウダイプル
006 アジメール（プシュカル）
007 ビカネール
008 シェカワティ
011 はじめてのマハラシュトラ
012 ムンバイ
013 プネー
014 アウランガバード
015 エローラ
016 アジャンタ
021 はじめてのグジャラート
022 アーメダバード
023 ヴァドダラー（チャンパネール）
024 ブジ（カッチ地方）

【東インド - まちごとインド】

002 コルカタ
012 ブッダガヤ

【南インド - まちごとインド】

001 はじめてのタミルナードゥ
002 チェンナイ
003 カーンチプラム
004 マハーバリプラム
005 タンジャヴール
006 クンバコナムとカーヴェリー・デルタ
007 ティルチラパッリ
008 マドゥライ
009 ラーメシュワラム
010 カニャークマリ
021 はじめてのケーララ
022 ティルヴァナンタプラム
023 バックウォーター（コッラム〜アラップーザ）
024 コーチ（コーチン）
025 トリシュール

【ネパール - まちごとアジア】

001 はじめてのカトマンズ
002 カトマンズ
003 スワヤンブナート

004 パタン
005 バクタプル
006 ポカラ
007 ルンビニ
008 チトワン国立公園

【バングラデシュ - まちごとアジア】

001 はじめてのバングラデシュ
002 ダッカ
003 バゲルハット（クルナ）
004 シュンドルボン
005 プティア
006 モハスタン（ボグラ）
007 パハルプール

【パキスタン - まちごとアジア】

002 フンザ
003 ギルギット（KKH）
004 ラホール
005 ハラッパ
006 ムルタン

【イラン - まちごとアジア】

001 はじめてのイラン
002 テヘラン
003 イスファハン
004 シーラーズ
005 ペルセポリス
006 パサルガダエ（ナグシェ・ロスタム）
007 ヤズド
008 チョガ・ザンビル（アフヴァーズ）
009 タブリーズ

010 アルダビール

【北京 - まちごとチャイナ】

001 はじめての北京
002 故宮（天安門広場）
003 胡同と旧皇城
004 天壇と旧崇文区
005 瑠璃廠と旧宣武区
006 王府井と市街東部
007 北京動物園と市街西部
008 頤和園と西山
009 盧溝橋と周口店
010 万里の長城と明十三陵

【天津 - まちごとチャイナ】

001 はじめての天津
002 天津市街
003 浜海新区と市街南部
004 薊県と清東陵

【上海 - まちごとチャイナ】

001 はじめての上海
002 浦東新区
003 外灘と南京東路
004 淮海路と市街西部
005 虹口と市街北部
006 上海郊外（龍華・七宝・松江・嘉定）
007 水郷地帯（朱家角・周荘・同里・甪直）

【河北省 - まちごとチャイナ】

001 はじめての河北省
002 石家荘
003 秦皇島
004 承徳
005 張家口
006 保定
007 邯鄲

【山東省 - まちごとチャイナ】

001 はじめての山東省
002 はじめての青島
003 青島市街
004 青島郊外と開発区
005 煙台
006 臨淄
007 済南
008 泰山
009 曲阜

【江蘇省 - まちごとチャイナ】

001 はじめての江蘇省
002 はじめての蘇州
003 蘇州旧城
004 蘇州郊外と開発区
005 無錫
006 揚州
007 鎮江
008 はじめての南京
009 南京旧城
010 南京紫金山と下関
011 雨花台と南京郊外・開発区
012 徐州

【浙江省 - まちごとチャイナ】

001 はじめての浙江省
002 はじめての杭州
003 西湖と山林杭州
004 杭州旧城と開発区
005 紹興
006 はじめての寧波
007 寧波旧城
008 寧波郊外と開発区
009 普陀山
010 天台山
011 温州

【福建省 - まちごとチャイナ】

001 はじめての福建省
002 はじめての福州
003 福州旧城
004 福州郊外と開発区
005 武夷山
006 泉州
007 厦門
008 客家土楼

【広東省 - まちごとチャイナ】

001 はじめての広東省
002 はじめての広州
003 広州古城
004 天河と広州郊外
005 深圳(深セン)
006 東莞
007 開平(江門)
008 韶関
009 はじめての潮汕

010 潮州
011 汕頭

【遼寧省 - まちごとチャイナ】

001 はじめての遼寧省
002 はじめての大連
003 大連市街
004 旅順
005 金州新区
006 はじめての瀋陽
007 瀋陽故宮と旧市街
008 瀋陽駅と市街地
009 北陵と瀋陽郊外
010 撫順

【重慶 - まちごとチャイナ】

001 はじめての重慶
002 重慶市街
003 三峡下り（重慶〜宜昌）
004 大足

【香港 - まちごとチャイナ】

001 はじめての香港
002 中環と香港島北岸
003 上環と香港島南岸
004 尖沙咀と九龍市街
005 九龍城と九龍郊外
006 新界
007 ランタオ島と島嶼部

【マカオ - まちごとチャイナ】

001 はじめてのマカオ
002 セナド広場とマカオ中心部
003 媽閣廟とマカオ半島南部
004 東望洋山とマカオ半島北部
005 新口岸とタイパ・コロアン

【Juo-Mujin（電子書籍のみ）】

Juo-Mujin 香港縦横無尽
Juo-Mujin 北京縦横無尽
Juo-Mujin 上海縦横無尽
Juo-Mujin 台北縦横無尽
見せよう！デリーでヒンディー語
見せよう！ 上海で中国語
見せよう！ 蘇州で中国語
見せよう！ 杭州で中国語

【自力旅游中国 Tabisuru CHINA】

001 バスに揺られて「自力で長城」
002 バスに揺られて「自力で石家荘」
003 バスに揺られて「自力で承徳」
004 船に揺られて「自力で普陀山」
005 バスに揺られて「自力で天台山」
006 バスに揺られて「自力で秦皇島」
007 バスに揺られて「自力で張家口」
008 バスに揺られて「自力で邯鄲」
009 バスに揺られて「自力で保定」
010 バスに揺られて「自力で清東陵」
011 バスに揺られて「自力で潮州」
012 バスに揺られて「自力で汕頭」
013 バスに揺られて「自力で温州」
014 バスに揺られて「自力で福州」
015 メトロに揺られて「自力で深圳」

【車輪はつばさ】
南インドのアイラヴァテシュワラ寺院には建築本体に車輪がついていて寺院に乗った神さまが人びとの想いを運ぶと言います。

・本書はオンデマンド印刷で作成されています。
・本書の内容に関するご意見、お問い合わせは、発行元の
　まちごとパブリッシング info@machigotopub.com までお願いします。

まちごとチャイナ
江蘇省001はじめての江蘇省
〜蘇州・揚州・鎮江・南京［モノクロノートブック版］

2017年11月14日　発行

著　者	「アジア城市（まち）案内」制作委員会
発行者	赤松　耕次
発行所	まちごとパブリッシング株式会社
	〒181-0013　東京都三鷹市下連雀4-4-36
	URL http://www.machigotopub.com/
発売元	株式会社デジタルパブリッシングサービス
	〒162-0812　東京都新宿区西五軒町11-13
	清水ビル3F
印刷・製本	株式会社デジタルパブリッシングサービス
	URL http://www.d-pub.co.jp/

MP126

ISBN978-4-86143-260-6 C0326　　　　Printed in Japan
本書の無断複製複写（コピー）は、著作権法上での例外を除き、禁じられています。